AUX TRAVAILLEURS

PAR

LEDRU-ROLLIN,

Député de la Sarthe.

ADHÉSIONS A L'APPEL DE LA RÉFORME.

Prix : 10 centimes.

Au profit des familles des détenus politiques.

PARIS,

AUX BUREAUX DE LA RÉFORME,

16, rue du Croissant.

VICTOR BOUTON, éditeur, 55, rue Montmartre.

1844.

Note de la Réforme.

—

La première édition de cette brochure, tirée à plusieurs milliers d'exemplaires, a été épuisée en quelques jours.

Tous les journaux de département (nous parlons des journaux indépendants et patriotes) ont reproduit l'appel de M. Ledru-Rollin et la pétition de *la Réforme*.

Ainsi, dès à présent, la publicité donnée aux idées contenues dans cet écrit est immense, et une adhésion universelle est venue la sanctionner.

C'est qu'il s'agit en effet de la question la plus importante, la plus vitale de toutes, de celle qui doit enfin forcer le gouvernement à rentrer dans les voies de la grande révolution française, sous peine de confesser son égoïsme ou son incapacité.

Inviter la Chambre des députés à provoquer une enquête sur la situation actuelle du travail et des travailleurs, c'est mettre en demeure la Chambre ou de fonctionner réellement, utilement, ou de prouver son insuffisance et son mauvais vouloir.

En deux mots, l'enquête sur le sort des travailleurs aboutit forcément, soit au soulagement des classes laborieuses, à la guérison des vices organiques qui déchirent la société, soit à la réforme électorale.

A vous donc, citoyens, maîtres, ouvriers, travailleurs de toutes les classes, à vous de presser la solution du grand problème qui vous intéresse tous également, vous, maîtres, par le défaut de débouchés, vous, ouvriers, par la question du salaire.

Il ne s'agit pas d'adhésions isolées, de réclamations individuelles, que la Chambre est trop habituée à écarter facilement, mais il s'agit, sachez-le bien, d'une manifestation nationale, à laquelle se réunissent tout ce que le pays compte de citoyens éclairés, d'esprits généreux, de cœurs dévoués.

Nous avons le droit de parler ainsi : voici les noms des journaux de département qui ont répondu à l'appel que nous adressions, et qui propagent le mouvement sur tous les points de la France.

L'*Abeille de Seine et Marne*, le *Bien public* (de Macon), le *Courrier de la Côte-d'Or*, le *Courrier d'Indre-et-Loire*, le *Courrier de la Sarthe*, l'*Éclaireur d'Indre-et-Loire*, l'*Émancipation* (de Toulouse), l'*Écho du Nord*, l'*Écho de de Cambrai*, l'*Écho du Vesone*, le *Guetteur de Saint-Quentin*, le *Haro de Caen*, l'*Hermine*, l'*Indépendant d'Augoulême*, l'*Indépendant du Midi*, l'*Impartial du Nord*, le *Journal de Cherbourg*, le *Journal du Hâvre*, le *Journal de la Meuse;* le *National de l'Ouest*, le *Progressif Cauchois*, le *Patriote des Alpes*, le *Patriote de la Meurthe*, le *Patriote de Saône-et-Loire*, le *Précurseur de l'Ouest*, le *Propagateur de l'Aube*, le *Progrès du Pas-de-Calais*, le *Progrès de la Bretagne*, le *Progrès de la Loire*, le *Patriote jurassien*, le *Glaneur d'Eure-et-Loir*, le *Libéral du Nord*, le *Courrier du Haut-Rhin*, le *Courrier du Bas-Rhin*, le *Journal du Loiret*, le *Progrès de la Seine-Inférieure*, le *Courrier de Loir-et-Cher*, le *Franc-Parleur de la Meuse*, l'*Observateur des Pyrénées*, *Vigie du Morbihan*, *Gazette du Languedoc*.

TRAVAILLEURS, FAITES DES PÉTITIONS!

Le jour où je me suis présenté devant les élec-
teurs de la Sarthe, j'ai dit :

« Sans la réforme électorale, tout progrès pa-
« cique est impossible; il faut que chaque citoyen
« soit électeur, il faut que le député soit l'homme
« de la nation, non de la fortune; mais le pays
« exige d'avantage; de grandes questions ont été
« posées et peuvent être résolues; de grandes
« souffrances se sont révélées et demandent satis-
« faction. La réforme politique ne peut être qu'un
« moyen pour réaliser de justes améliorations so-
« ciales. C'est par cette tendance fraternelle et
« sympathique, c'est à ce point de vue élevé de
« l'amour du peuple que le parti démocratique se
« distingue surtout, et profondément, des autres
« partis éclos de la révolution de Juillet; et c'est
« ainsi que je comprends ma mission. »

Cette grande question des travailleurs, dont les cœurs justes et les bons esprits sont préoccupés depuis si longtemps, cette question vitale que mon illustre ami, M. Arago, avait déjà fait apparaître à la tribune, le progrès incessant des idées m'a permis de la poser, à la fin de la session dernière, devant la Chambre des députés. Pour mes amis et pour moi, ce sera une des tâches de la session prochaine; aux discussions si importantes de la session actuelle, nous joindrons ainsi l'affaire essentielle de notre temps.

Si nous nous sommes réunis de tous nos moyens et de toute notre sympathie, aux écrivains de la *Réforme*, c'est que les questions politiques et sociales se confondent indissolublement dans leur esprit. La *Réforme*, la *Revue Indépendante* seront, dans la presse périodique, l'appui des principes que nous défendrons à la tribune, et qui, nous osons l'espérer, obtiendront le concours nécessaire de tous les journaux démocratiques en France.

Mais, ce concours unanime seroit insuffisant encore, si les droits et les intérêts exclus ne soutenaient, par des réclamations régulières, pacifiques, ceux qui plaideront leur cause à la tribune et dans la presse. Les exclus se sont plaints souvent, et et avec amertume, que l'une et l'autre négligeaient de parler pour eux ; mais que font-ils eux-mêmes ?

L'association secrète ne servait qu'à cacher leurs besoins et leur nombre; elle les livrait, pour le moins, aux périls de la répression légale. Les coalitions d'ouvriers ne font aussi qu'appeler la rigueur du châtiment ; les coalitions, c'est un symptôme partiel du mal qui les engendre, comme des besoins que ce mal irrite. C'est trop longtemps se consumer en efforts impuissans; il faut enfin un appel direct et universel à la législature, par l'usage de ce droit de pétition, le seul que la masse des exclus possède aujourd'hui. Qu'elle l'emploie donc avec ensemble, avec persévérance; qu'elle se fasse un devoir de l'exercice réitéré de ce droit; que la masse appuie ceux qui soutiennent sa sainte cause, par l'expression imposante et calme de ses vœux, de ses sentimens, de ses cruelles souffrances; qu'elle se rappelle enfin cet axiôme à la fois religeux et pratique : Aide-toi, le ciel t'aidera.

Car, lorsque nous nous adressons aux travailleurs, nous ne voulons pas parler seulement de
leurs besoins matériels ; nous en séparons d'autant
moins les choses de l'ordre moral et de l'ordre
politique, que la puissance de celles-ci peut seule
amener la satisfaction des besoins. Quand nous
nous adressons aux travailleurs, nous ne voulons
pas parler exclusivement des classes ouvrières,
mais de tous ceux qui, employant leurs moyens et
leurs facultés au profit de la société, ne trouvent
ni dans l'ordre politique ni dans l'ordre social ac-
tuel, les droits et la récompense qui appartiennent
au travail.

Il ne s'agit pas d'ailleurs de faire amèrement le
procès à ceux qui, exerçant le privilége, obéissent
à des penchans que le vice de l'organisation présente favorise ; à ceux qui sont peut-être plus
étrangers qu'indifférens à la connaissance des
maux terribles que le privilége enfante. Ces maux,
menaçants pour ceux qu'ils n'atteignent pas, il s'a-
git de les constater, de les étaler sans cesse à la
clarté du jour ; il s'agit d'en demander la répara-
tion par tous les organes de la réclamation popu-

laire. Oui, constatons les faits, donnons leur cet
empire qui naît de l'unanimité, de la persistance;
dans ce temps où, nous dit-on, les faits sont tout,
armons-les de l'usage d'un droit légal et de cette
consécration qui appartient à la conscience pu-
blique.

Prouvons que le capital privé est aujourd'hui le
propriétaire universel. Il est le propriétaire du sol
par l'hypothèque, le propriétaire de l'industrie par
la commandite, le propriétaire de la circulation
par le crédit. Il s'est constitué le propriétaire de la
production, en substituant partout les grandes
manufactures aux petites fabriques; il se fait aujourd'hui le propriétaire du négoce, en substituant
les gigantesques magasins aux petits débitans; il
sera bientôt le propriétaire des grandes voies de
communication par les compagnies de chemins de
fer. Enfin, si cela durait, à part tous les effets de
la corruption, oui, par la seule omnipotence qui
s'attache à la richesse, par l'accroissement et les
coalitions du capital privé, celui-ci deviendrait
tout à fait le maître des institutions politiques et
du gouvernement du pays. Alors que resterait-il

aux travailleurs et à l'État lui-même, ce protecteur naturel des travailleurs qui font sa force.

A quelque opinion qu'on appartienne, à quelque point de vue qu'on soit placé, politique ou économique, réformiste ou conservateur, n'est-ce pas là une situation aussi funeste qu'inique? Le capital privé fait son métier, c'est tout simple ; mais comment les travailleurs et l'État ne feraient-ils pas leur devoir? Quelle puissance usurpée résisterait à la légitime et souveraine volonté du pouvoir public et du peuple immense des travailleurs? L'industrie surtout et les ouvriers de l'ordre industriel ont besoin de combattre les vices de l'organisation présente, ou plutôt du défaut de toute organisation.

La *Réforme* a déjà signalé un contraste bien frappant. Grâce à l'immortelle Révolution française, les travailleurs agricoles sont dans une condition matérielle comparativement tolérable, quoique très imparfaite encore ; ils sont moins dépendants que les ouvriers proprement dits ; la division du sol et les règles de nos codes combattent sans cesse l'accumulation de la propriété territoriale.

Dans l'industrie, encore une fois, tout s'agglomère, tout s'absorbe entre les mains de la richesse. l'exploitation est plus en vigueur qu'avant la Révolution. Or, le sort horrible des paysans irlandais nous montre ce que celle-ci a déjà fait de bon pour les nôtres : considérez l'Angleterre, vous verrez, hélas! ce que l'exploitation industrielle peut faire des ouvriers.

Malgré tout ce qu'en a dit la *Réforme*, on feint de croire que l'hostilité du parti démocratique contre l'aristocratie anglaise découle d'un faux esprit de nationalité haineuse, ou du besoin de pousser deux peuples l'un contre l'autre, afin de profiter d'un grand tumulte... Non ! l'aristocratie anglaise représente, à nos yeux, toutes les horreurs du privilége et de l'exploitation, toute cette barbarie féodale entée sur l'industrialisme, contre laquelle la société française, la civilisation démocratique, ont si vigoureusement lutté, après 1789. Voilà pourquoi nous avons déclaré la guerre à l'alliance anglaise, sans compter bien d'autres raisons. Et faut-il vous dire, travailleurs, quel est le sort de vos frères dans les trois royaumes, et de

quels remèdes il peut inspirer l'idée? Faut-il vous
citer *ce livre de Marcus*, où pour parer à l'excès
de la population, on a proposé d'*étouffer sans dou-
leur* tous les enfans qui naîtraient dans chaque fa-
mille après les deux premiers; ce livre qui, par
pure humanité, a dressé la statistique de l'infan-
ticide légal? remède indiqué, dira-t-on, par un
stupide monomane, soit; mais rappelez-vous, cependant, ce qu'est venu déclarer, à plusieurs re-
prises, le chef du ministère anglais. S'agissait-il,
par exemple, de cette terrible sédition de 1842, où
l'on a vu des bandes d'ouvriers, de femmes, d'en-
fants affamés, sans vêtements, armés de bâtons,
envahissant Manchester, Preston, Stockport, arrê-
tant les travaux, menaçant de pillage les riches et
les nobles, ayant inscrit sur leurs drapeaux : *Du
pain ou du sang!* à ces cris de désespoir, que ré-
pondait le premier ministre? « L'on me sollicite
« d'énoncer quelque remède; comment pourrais-je
« entretenir un trompeur espoir dans l'esprit du
« peuple, *quand je suis moi-même sans espé-
« rance?...* » Et dans la dernière session même,
quand le parlement, par trois votes successifs, avait

adopté une réduction sur les heures de travail des femmes et des enfans, quel a été, de nouveau, le langage du chef de l'aristocratie? « Qu'avec une « réduction de deux heures, c'en était fait de l'in- « dustrie britannique; que ce palliatif insuffisant « n'en rendrait pas moins le gouvernement im- « possible, et que le ministère allait se dissoudre. » Ainsi, la pensée officielle proclamait en même temps que, sans le *maximum* du travail, l'Angleterre pé- rirait, et qu'elle ne peut rien faire, cependant, pour le travail dont l'effort excessif est nécessaire à son existence!

Voilà où en est arrivée la reine des mers, la dominatrice de l'Asie, la rivale momentanément heureuse de la France! — Et voilà où la France marche à grands pas! Mais en Angleterre, au moins, les travailleurs assiègent le parlement de leurs réclamations incessante; en France, laisse- ront-ils la tribune et la presse élever une digue contre le torrent, sans l'étayer de toute la force de leurs épaules? Laisseront-ils dormir ce droit de pétition qui viendrait, sans violence, sans em- pêchement légal, protégé au contraire par la loi,

provoquer la sollicitude de la Chambre? Éveillez
dans son enceinte ces échos qui retentissent déjà
sur tous les points de l'Europe, en Espagne, en
Allemagne, comme en Angleterre et en France;
ces échos qui répètent le nom du peuple, en y joi-
gnant le nom également auguste qui consacre tous
les droits, tous les vœux, celui du travail.

Ce n'est pas là l'esprit d'anarchie dont on nous
accuse; et d'autant moins que, selon nous, il faudrait, pour émanciper le travail, donner à l'État
le moyen d'intervenir dans l'ordre économique en
faveur des intérêts exclus; il faut qu'il puisse, non
pas opprimer la liberté des individus, mais les
soustraire tous à l'oppression du privilège. Le
parti démocratique ne sépare pas cette nouvelle
fonction de l'État des institutions politiques, dont
la démocratie est la base; mais nous ne vous con-
vions pas ici à un acte de parti. Il s'agit de mettre la Chambre en demeure, par l'usage d'un droit
commun, au nom du plus grand des intérêts publics. A en juger par la manière dont elle a écouté
mes paroles, à la fin de la session dernière, le ta-
bleau de vos souffrances la frapperait. Je ne dis

nullement qu'elle les guérira; mais, du moins vous les aurez fait connaître; vous mettrez en demeure avec elle tous les pouvoirs de l'État; vous dresserez sous leurs yeux l'inventaire de la situation actuelle, celui de l'héritage de la Révolution de 89, de la Révolution de 1830; vous raconterez quelle est votre part; vous demanderez celle qui vous revient. Et personne n'y perdrait, car, encore une fois, la situation présente, ceux qu'elle n'accable point, elle les menace, et chacun est contraint d'en convenir à sa manière.

Il nous semble donc qu'il faut constater aux yeux de tous la condition générale des travailleurs, et pour cela demander une enquête; car, chose singulière, dans ce temps de publicité, dans ce siècle positif, on semble ignorer les plus frappantes réalités, et le présent est, en quelque sorte, à deviner de même que l'avenir. Ce serait pour la prochaine session comme les *cahiers de doléances* de notre époque. Cette exhibition des vices de la société, ce serait en même temps le meilleur moyen de conclure à la réforme électorale; car si la Chambre, telle qu'elle est constituée, ne fait rien pour réparer des maux dont l'immensité se déroulerait aux regards, comme celle de la mer, il faudra bien reconnaître la nécessité impérieuse d'une réforme du pouvoir législatif.

Pétitionnez-donc, pétitionnez ; parlez vous-mêmes de vous-mêmes. La pétition, c'est la presse des masses, c'est la brochure composée par tous et par chacun, c'est la voix de l'ensemble. Aujourd'hui que le droit d'association est détruit, que la presse est encore restreinte aux mains de ceux qui ont de l'argent, la pétition, c'est autre chose qu'un journal, organe d'un parti seulement ; la pétition, c'est bien mieux que l'expression individuelle d'une opinion, d'une prétention. La pétition, si vous le voulez, c'est tout le monde, l'œuvre comme le droit de tout le monde ; c'est une édition des pensées publiques qui n'a besoin ni d'abonnés, ni d'actionnaires, ni de prôneurs, ni de beau style ; dont l'éloquence est dans l'énergique vérité des faits, la modération des paroles, le nombre des signatures, et dont le public même est l'auteur.

Mes amis et moi, à la tribune, dans la *Réforme*, nous pourrons alors, en plaidant votre cause, faire vibrer l'imposante voix des masses. Votre esprit se déployant dans sa puissance au sein même de l'ordre légal, il animera quiconque, dans la Chambre et dans la presse, comprend cette tâche de toute philosophie, de toute politique, de toute paix : Émancipation morale et matérielle des citoyens. Voilà ce que la Révolution a promis au monde sur la foi des idées religieuses comme des idées philanthropiques. Voilà ce qui, après avoir complété la Révolution, tracera cette ligne infinie, le progrès pacifique pour tous les hommes et pour tous les peuples. Voilà ce que je dois vous dire, d'accord avec mes amis.

LEDRU-ROLLIN,
Député de la Sarthe.

LETTRE DE GEORGE SAND

aux

RÉDACTEURS DE L'ÉCLAIREUR DE L'INDRE.

« Mes amis, puisque vous voulez et pouvez faire de la politique, laisserez-vous échapper la belle occasion qui se présente d'employer vos forces et votre activité à tenter une chose vraiment bonne? Voilà un *parti* qui s'intitule hardiment *démocratique*, et qui vous convie à de nobles tentatives. Vous n'hésiterez pas, j'en suis sûr. L'expression de ce parti, j'aime mieux dire de cette opinion ou de cette doctrine, car le mot *parti* ne me plaît guère (il rappelle la guerre civile et les ressentiments personnels), c'est le journal *la Réforme*. Ses tendances courageuses et droites m'offriraient, à moi, un pont où je me hasarderais de passer pour aller du côté de la politique, si je n'étais convaincu que je n'y suis bon à rien. Certainement ce

journal est un organe généreux et fort des idées
vraies que la politique doit chercher à faire triom-
pher, en s'inspirant de bonnes tendances socia-
listes. (Je me sers de ces mauvaises définitions de
politique et de *socialisme*, en attendant que je
m'explique mieux avec vous sur la distinction à
faire entre ces deux modes d'action.)

« Ainsi donc, vous ne serez point sourds, n'est-
il pas vrai, à cet appel inauguré en tête de *la Réforme*, le 2 novembre dernier, par M. Ledru-Rollin : « *Travailleurs, faites des pétitions!* » c'est-
à-dire aussi : « Serviteurs de la vérité, aidez et
encouragez ceux des travailleurs, qui n'y songe-
raient pas assez, à faire une vaste et noble pétition pour exposer leurs maux et en demander la
fin! » M. Ledru-Rollin a exposé à la Chambre, à
la fin de la session dernière, des vérités dures pour
les égoïsmes coupables. Il leur a montré les résul-
tats, affreux pour le peuple français, menaçants
pour eux-mêmes, de leur aveugle et farouche do-
mination. Il a parlé ce jour-là; il écrit aujourd'hui
à la France entière, et il ne faut pas que cette voix
se perde. Il a dressé une sorte de statistique dou-

loureuse, effrayante, et pourtant certaine, du mal-
heur et de l'iniquité qui déchirent lé sein de notre
pauvre patrie, ce noble *Christ des nations*, qui a
tant souffert pour le salut du monde, qui souffre
toujours, et qui saura bien souffrir encore ; mais
qu'il ne faudrait pas plus longtemps laisser souffrir en vain.

« C'est donc à vous à donner suite , autant que
vous le pourrez, dans notre province , à l'idée
émise par *la Réforme*. Vous serez secondés ; vous
aurez dans la presse parisienne des représentants
de votre doctrine. *La Revue indépendante* pro-
clame son union intime avec *la Réforme*. Dans les
provinces, vous pourrez sans doute joindre encore
bien des noms à ceux des journaux que *la Réforme* vous signale comme vos alliés naturels.
Vous n'oublierez pas *le Progrès du Pas-de-Calais*, rédigé depuis longtemps par un homme si
pur, si modeste, si éprouvé, M. Frédéric Degeorge.
L'Indépendant d'Angoulême vous convie particu-
lièrement à une association de sentiments et d'efforts. Quels qu'en soient les moyens, votre cœur
répondra à cet élan, s'il est dirigé, comme l'appel

de M. Ledru-Rollin, vers le salut public. N'y au-
rait-il donc plus de ressources dans la presse indépendante, comme le peuple s'en effraie? Essayez
donc tous de prouver que le feu de la vie est encore là. Ce n'est pas le talent ni la volonté qui
manquent. Serait-ce l'espérance? demandons-la au
peuple, si nous l'avons perdue. Tous ceux qui l'ont
fait s'en sont bien trouvés. Voyez ce jeune écrivain
si brillant, si clair, si habile et si franc à la fois,
l'auteur de l'*Histoire de dix ans !* où prend-il tant
de sève dans ce temps de langueur et de conster-
nation? dans le sentiment démocratique, qui est
le génie de son génie! Il y en aurait encore d'autres à nommer; mais nous autres, modestes pro-
vinciaux, nous ne pouvons pas dire, comme
M. Ledru-Rollin : Nos amis, nos illustres amis. Il
est même possible que nous n'ayons pas toujours
été d'accord avec eux sur tous les points. Eh! tant
mieux mille fois, s'il en est un qui nous réunisse!
Nous en aurons d'autant meilleure grâce à les se-
conder, que nous ne serons pas suspects de partia-
lité ou d'engoûment.

« Mais je m'oublie à dire *nous.* Pourquoi pas?

Je m'associe à la définition de M. Ledru-Rollin :
« La pétition, c'est la presse des masses, c'est la
« voix de l'ensemble. Aujourd'hui que le droit
« d'association est détruit, que la presse est en-
« core restreinte aux mains de ceux qui ont de
« l'argent, la pétition, c'est autre chose qu'un
« journal, organe d'un parti seulement ; la pétition,
« c'est bien mieux que l'expression individuelle
« d'une opinion, d'une prétention ; la pétition,
« si vous le voulez, c'est tout le monde, l'œuvre
« comme le droit de tout le monde ; c'est une édition
« des pensées publiques, qui n'a besoin ni d'abon-
« nés, ni d'actionnaires, ni de prôneurs, ni de beau
« style, dont l'éloquence est dans l'énergique vé-
« rité des faits, la modération des paroles, le
« nombre des signatures, et dont le public même
« est l'auteur. » Ne nous intitulons plus fastueu-
sement *amis du peuple*. Nous sommes peuple
nous-mêmes. Ce n'est pas seulement la souffrance
physique, c'est encore plus la souffrance morale
qui nous rend tous solidaires des maux publics,
victimes des cris publics. Faisons des pétitions,
non à titre de bourgeois démocrates convertis à la

cause populaire, mais à titre de Français blessés et outragés depuis trop longtemps dans le plus sensible de leur idéal, de leur gloire et de leur amour, le culte de l'*égalité*. »

4 novembre 1844.   GEORGE SAND.

FORMULE DE PÉTITION.

A MM. les Membres de la Chambre des Députés.

Messieurs,

Le malaise des classes ouvrières n'est que trop établi par les troubles qui éclatent périodiquement sur tous les points de la France.

Maîtres et ouvriers, tous voient leurs intérêts compromis par une concurrence déplorable.

Cet état ne saurait se prolonger plus longtemps sans ruine pour le pays.

Nous invoquons votre initiative. Nous attendons de vous que vous mettiez le gouvernement en demeure de s'occuper du sort des travailleurs, après avoir constaté PAR UNE ENQUÊTE les causes et l'étendue de leurs souffrances.

Paris.-Imp. de A. APPERT, pass. du Caire, 54

www.ingramcontent.com/pod-product-compliance
Lightning Source LLC
Chambersburg PA
CBHW070746280326
41934CB00011B/2818